온가족이 즐기는 미로 찾기

초판 1쇄 발행 | 2021년 8월 5일
초판 2쇄 발행 | 2021년 12월 10일
초판 3쇄 발행 | 2022년 6월 20일
초판 4쇄 발행 | 2023년 4월 5일
초판 5쇄 발행 | 2024년 8월 20일

펴낸이 | 이현순
그린이 | 유선영
엮은이 | 이안
이미지 | 셔터스톡
펴낸곳 | 백만문화사
주소 | 서울 마포구 독막로 28길 34(신수동)
전화 | 02)325—5176 **팩스** | 02)323—7633
신고번호 | 제2013—000126호
전자우편 | bmbooks@naver.com
홈페이지 | www.bmbooks.com

Copyright 2021 BaekMan Publishing Co.
Printed & Manufactured in Seoul, Korea

ISBN 979-11-89272-26-5 (73650)
값 11,000원

잘못된 책은 서점에서 바꾸어 드립니다.

차례

미로 찾기 5

그림자 찾기 91

서로 다른 그림 찾기 119

꿀벌이 꿀통으로 돌아갈 수 있게 도와주세요.

갓 태어난 공룡이 먹이를 먹을 수 있게 도와주세요.

갓 태어난 병아리들이 엄마 닭과 만나게 도와주세요.

예쁜 꽃을 줄 수 있게 도와주세요.

나비요정이 미로를 탈출할 수 있게 도와주세요.

아빠 너구리가 엄마 너구리를 만날 수 있게 도와주세요.

시원하게 스노우보드를 타고 산을 내려가 볼까요?

두 마리의 쥐가 서로 치즈를 먹으려고 해요. 누가 치즈를 먹게 될까요?

도착

출발

출발

전화를 걸어 서로 만나기로 했어요.

셋 중에 결승점에 도착하는 차를 맞춰보세요.

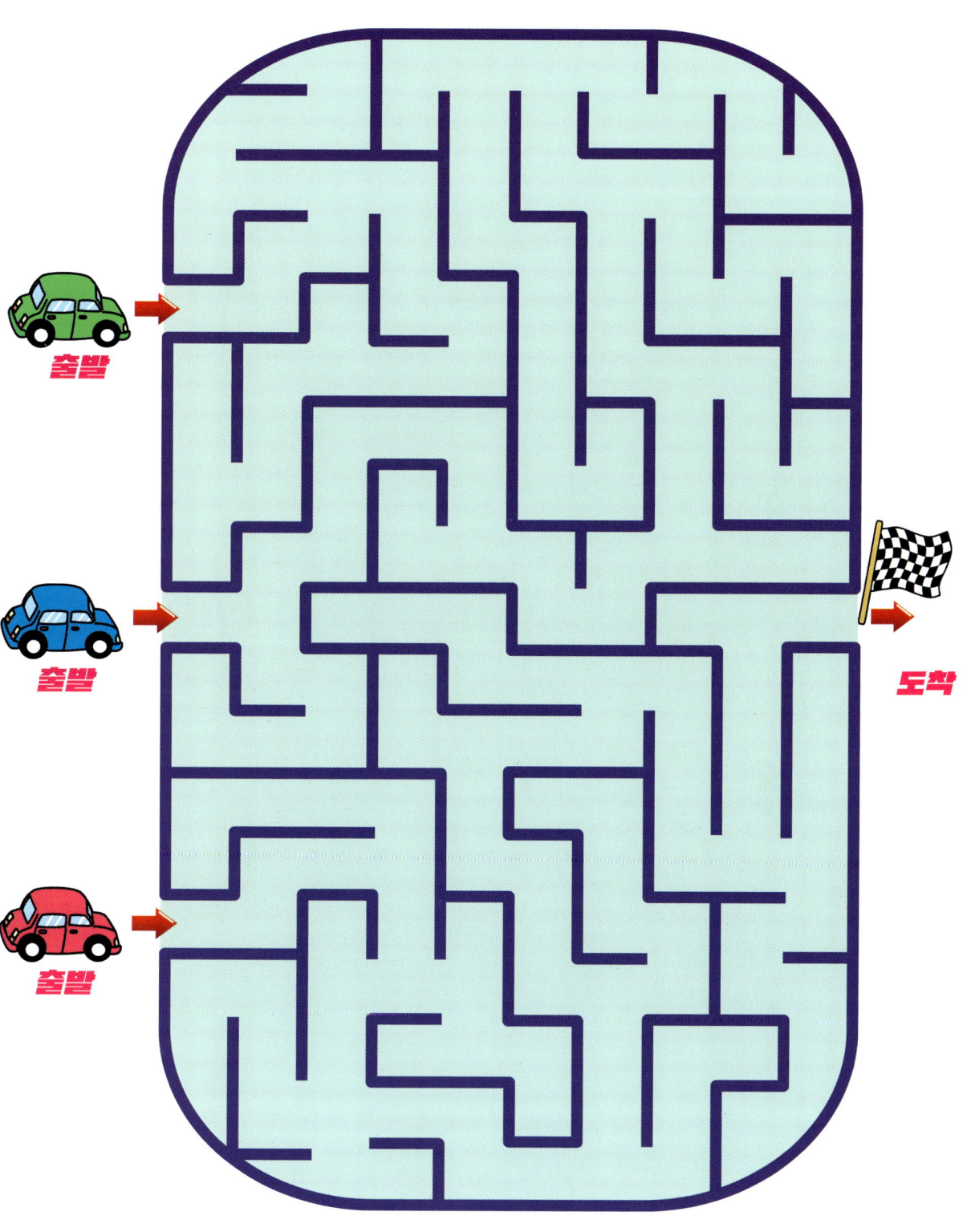

재미있는 숫자 미로찾기

하나씩 높은 숫자의 칸으로만 이동할 수 있어요.

		38	3	4	5	80	48	98
	출발▶	1	2	4	6	7	58	90
		1	2	3	27	8	9	30
31	32	33	34	35	36	37	8	10	40
41	42	43	44	15	14	13	12	11	50
88	26	53	44	16	12	12	10	59	60
61	62	63	15	17	18	67	68	69	70
74	72	73	16	17	19	20	▶도착		
81	82	83	84	85	29	20			
91	64	93	94	95	96	97			

재미있는 숫자 미로찾기

하나씩 높은 숫자의 칸으로만 이동할 수 있어요.

		38	24	78	28	80	48	98
		79	57	4	5	6	58	90
	출발▶	1	2	3	27	21	22	23
31	32	33	34	3	36	37	20	39	24
41	7	6	5	4	46	18	19	49	25
88	8	53	14	13	12	17	10	59	26
61	9	10	15	14	15	16	68	69	27
74	72	11	12	13	18	77		도착▶	
81	82	83	84	85	19	20			
91	64	93	94	95	96	97			

재미있는 숫자 미로찾기

하나씩 높은 숫자의 칸으로만 이동할 수 있어요.

		38	24	78	28	80	48	98
		79	7	8	9	10	58	90
		1	6	3	27	11	12	30
31	32	1	34	5	36	37	8	13	40
41	42	2	3	4	46	47	15	14	50
88	26	53	14	13	12	17	16	59	60
61	62	63	21	20	19	18	68	69	70
74	72	73	22	17	18	77			
81	82	83	23	24	25	20			
91	64	93	94	95	26	27			

아기 캥거루가 어미 캥거루를 찾고 있어요.

말을 타고 신나게 숲을 달려요.

미끼가 물고기의 눈에 띄는 곳까지 갈 수 있게 도와주세요.

다람쥐가 점프하지 않고 나무줄기만을 따라 도토리까지 갈 수 있게 도와주세요.

피라미드 꼭대기에 숨겨진 황금을 찾아보세요.

토끼가 숲에서 당근을 찾을 수 있게 도와주세요

펭귄들이 안전한 곳으로 갈 수 있게 도와주세요.

파란 리본을 맨 고양이가 약속 장소에 갈 수 있게 도와주세요.

두 명의 나비 요정이 자신의 옷 색깔과 같은 꽃에 갈 수 있게 도와주세요.

유치원 가고 싶어요~.

출발

도착

어디로 가면 노랑나비들이 꽃에 갈 수 있을까요?

화창한 날이에요. 공원까지 가는 길을 찾아보세요.

자신의 아파트에 돌아갈 수 있게 도와주세요. 잘못하면 이웃집으로 가게 되요.

귀여운 꼬마 천사 둘이 만나게 도와주세요.

자동차 모양 미로에요.

도둑이 어디에 숨어 있는지 발자국을 따라가 보세요. 발자국 방향으로만 갈 수 있어요.

난기류를 탈출해 안전한 곳으로 이동하세요.

어디로 가면 별 모양에 도착할 수 있을까요?

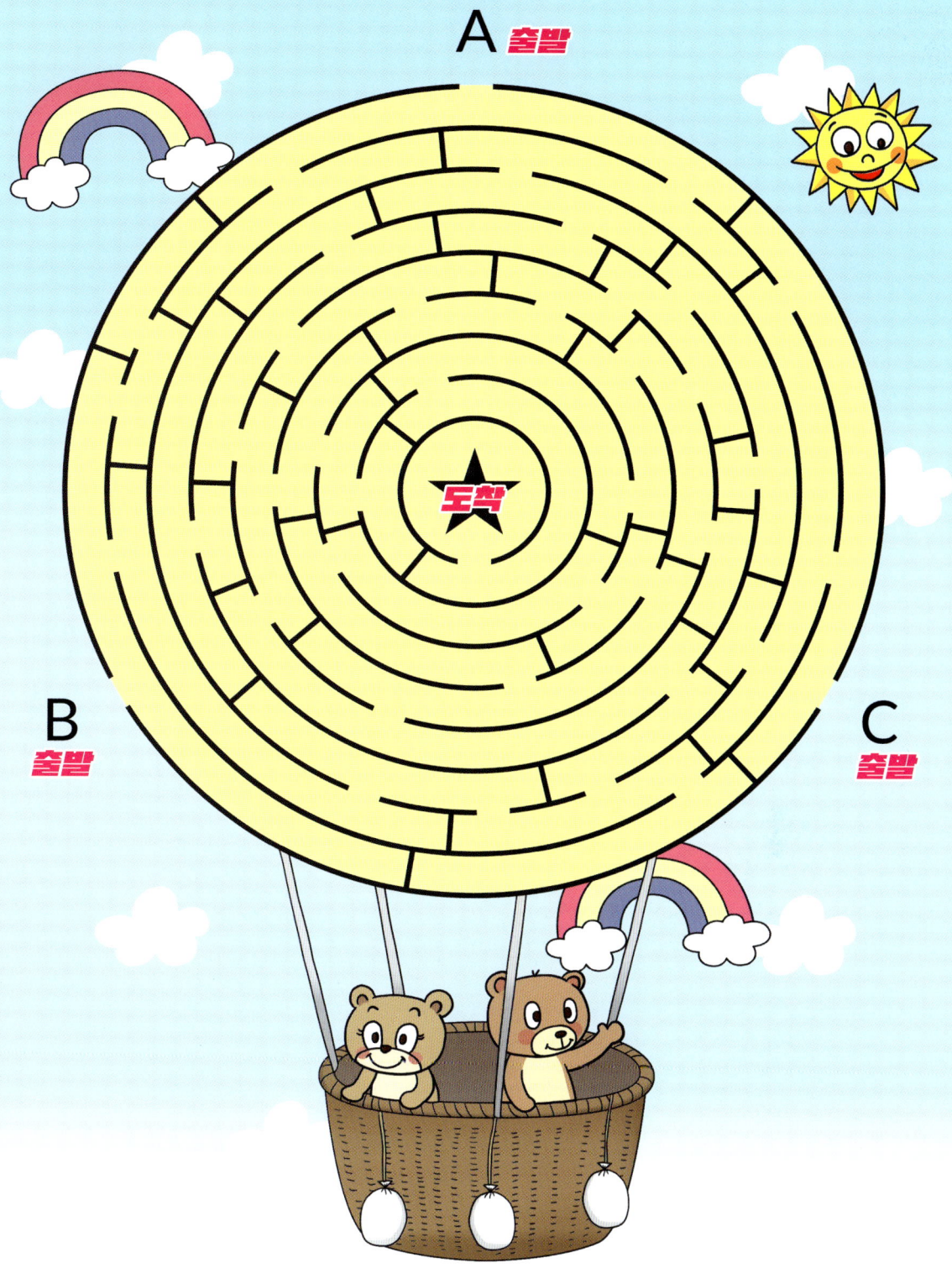

아주 어려운 고대 미로에요. 자신이 있을 때 도전해 보세요!

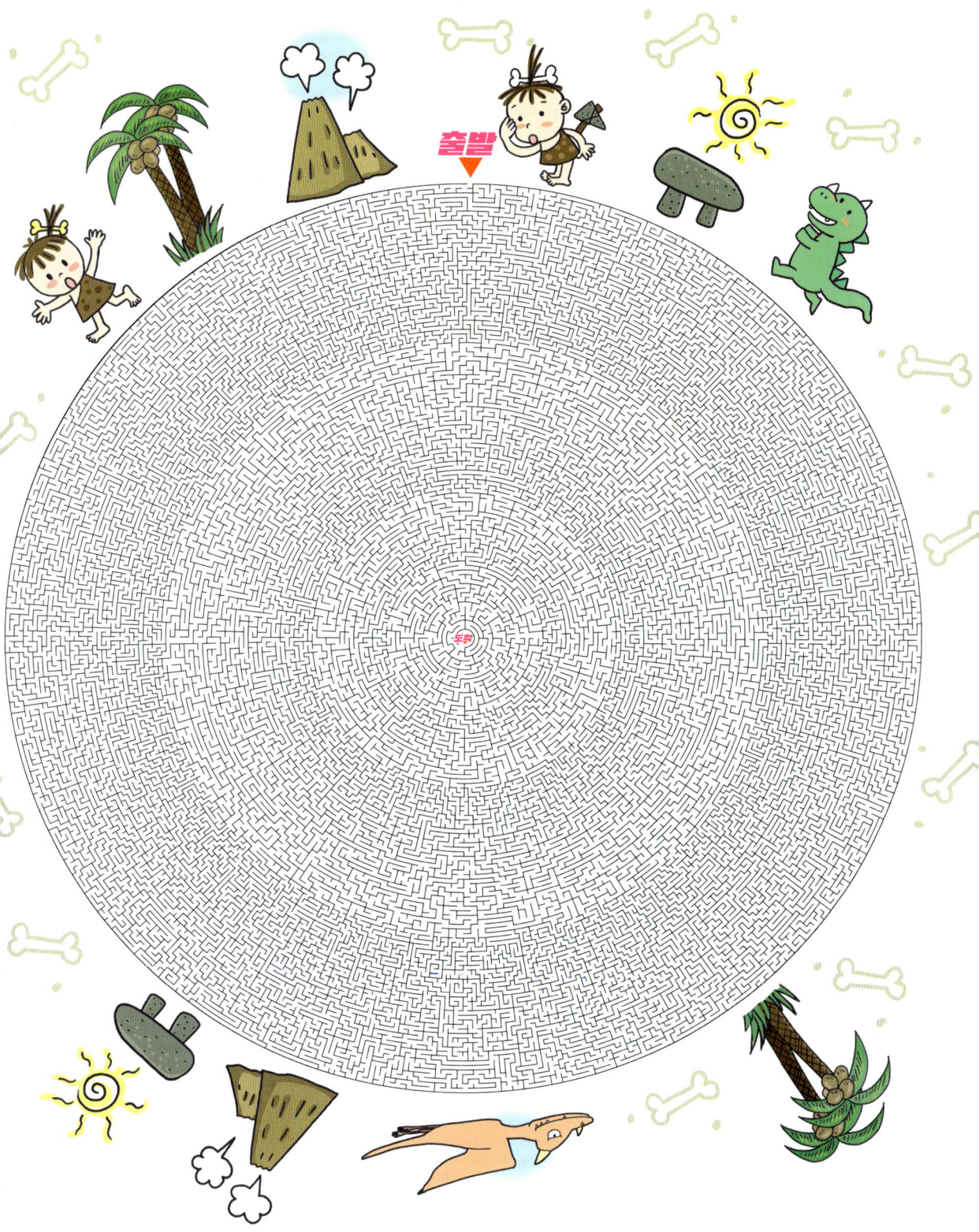

셋 중에 누가 미로를 탈출할 수 있을까요?

정답

81

정답

15쪽

16쪽

17쪽

18쪽

19쪽

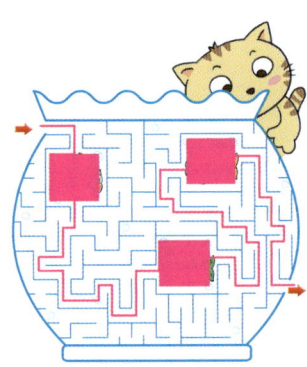

20쪽

21쪽

22쪽

23쪽

정답

24쪽

25쪽

26쪽

27쪽

28쪽

29쪽

30쪽

31쪽

32쪽

정답

정답

42쪽

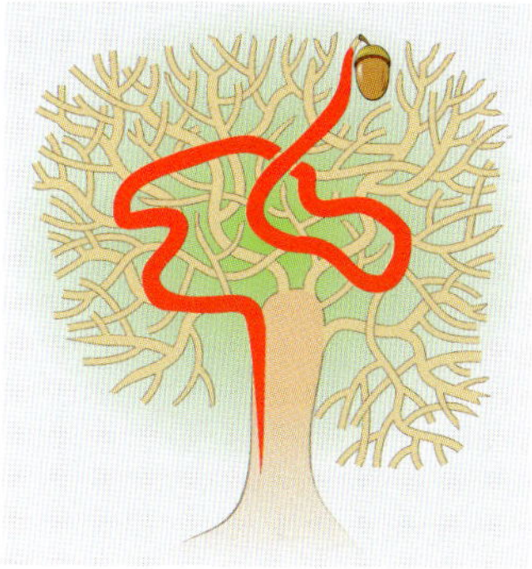

43쪽

44쪽

45쪽

46쪽

47쪽

48쪽

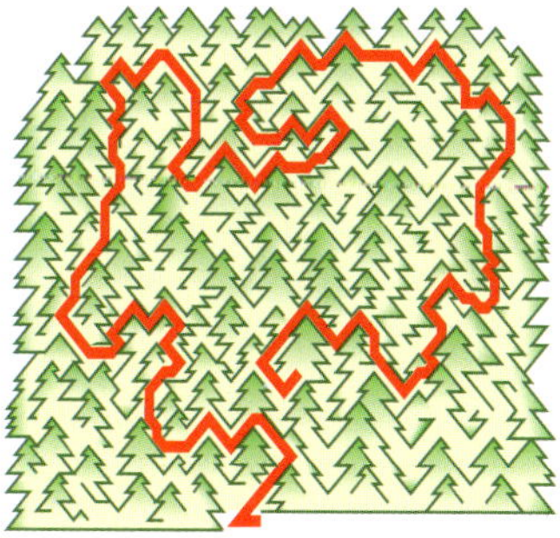

49쪽

50쪽

85

정답

51쪽
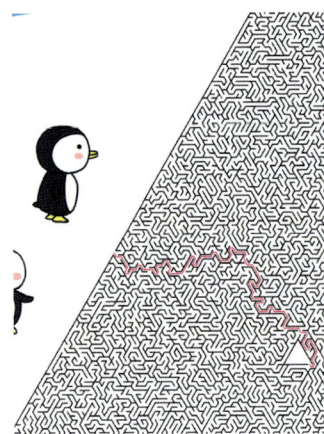

52쪽

53쪽

54쪽

55쪽

56쪽

57쪽

58쪽

59쪽

정답

정답

69쪽

70쪽

71쪽

72쪽

73쪽

74쪽

75쪽

76쪽

77쪽
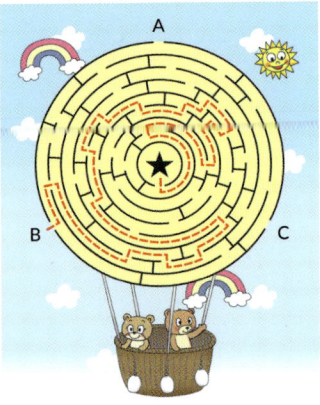

정답

78쪽

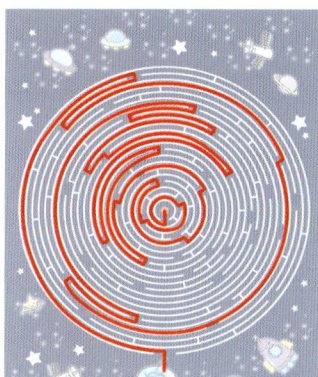

79쪽

80쪽

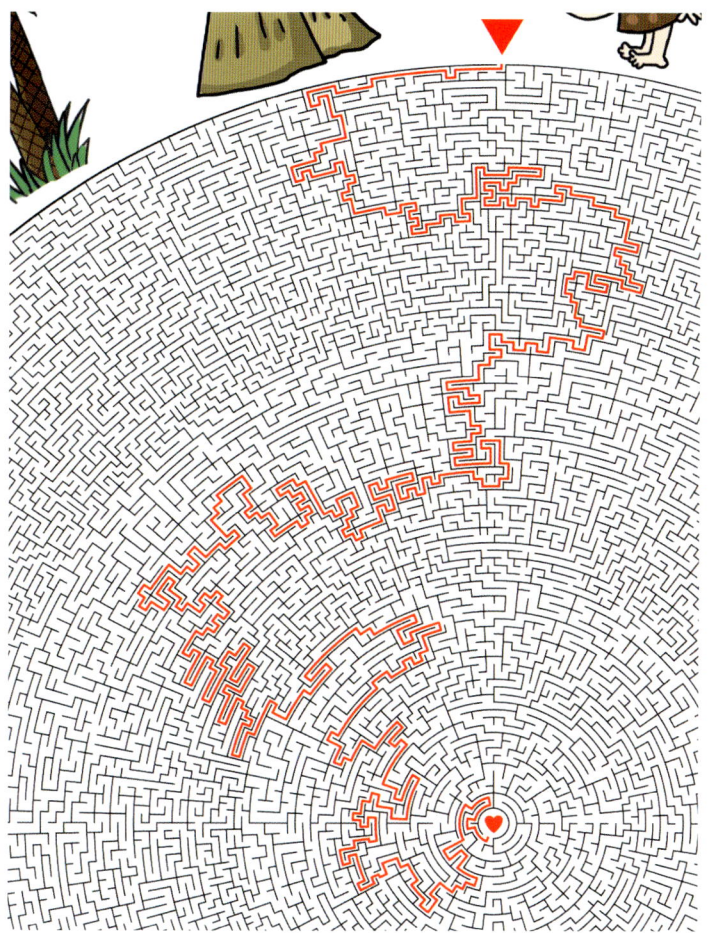

가운데 있는 그림과 정확히 똑같은 그림자를 찾아보세요.

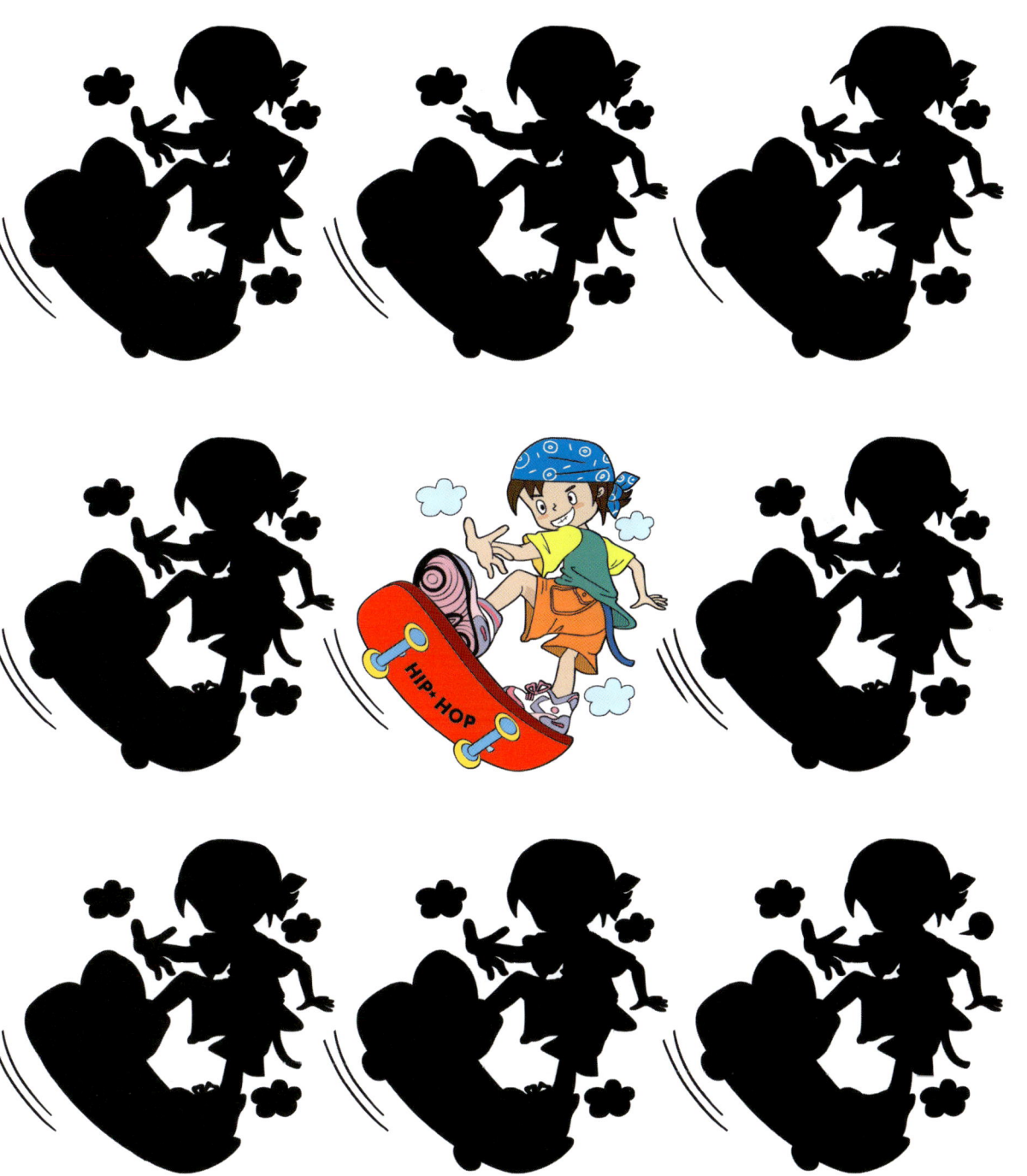

정답

92쪽

93쪽

94쪽

95쪽

96쪽

97쪽

98쪽

99쪽
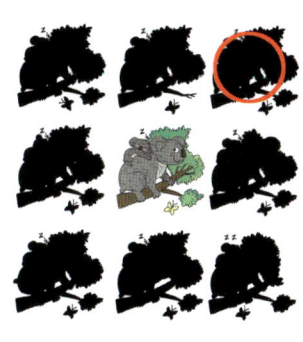

100쪽

정답

101쪽

102쪽

103쪽

104쪽

105쪽

106쪽

107쪽

108쪽

109쪽

정답

110쪽

111쪽

112쪽

113쪽

114쪽

117

서로 다른 곳을 12개 찾아보세요.

서로 다른 곳을 12개 찾아보세요.

서로 다른 곳을 12개 찾아보세요.

서로 다른 곳을 12개 찾아보세요.

정답

120쪽

122쪽

124쪽

126쪽

128